义务教育课程标准实验教科书

数　学

二年级　　下册

_____年级_____班

姓名_____

学科编委会

主　　任　刘意竹

副 主 任　张卫国　卢 江

教材主编　卢 江　杨 刚

本册编写人员　刘品一　梁秋莲　曹艺冰
　　　　　　　李晓梅　王永春　丁国忠

责任编辑　陶雪鹤　周小川

内文制作　杨荟铢工作室

封面设计　林荣桓

封面绘图　郑文娟

义务教育课程标准实验教科书

数　学

二年级　下册

课程教材研究所
小学数学课程教材研究开发中心　编著

＊

人 民 教 育 出 版 社 出 版
（北京市海淀区中关村南大街 17 号院 1 号楼　邮编：100081）
网址：http://www.pep.com.cn
中原出版传媒集团公司重印
河南省新华书店发行
北京汇林印务有限公司印装

＊

开本：890毫米×1240毫米　1/32　印张：4.375　字数:80 000
2008年7月第2版　2009年11月第1次印刷
印数：00 001～830 000 册
ISBN 978-7-107-16205-3
G·9295 (课)　　定价：5.01 元
本书定价经豫发改收费 [2006] 632号文批准。
全国举报电话：12358

编 者 的 话

亲爱的小朋友：

新学期开始了，聪聪和明明在数学王国里等着你们呢！

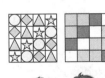 这些是什么现象？

 有什么规律？

$$35 \div 5$$
$$530 - 190$$
$$180 + 460$$
$$42 \div 6$$
44

加油！

200 000

小朋友们，现在就与 一起探索数学的奥秘吧！

编者

2002 年 5 月

目　录

我们也来看戏。

3

原来有22人在看戏。

我们也来看戏。

现在看戏的有多少人？

13人

分小组讨论，应该怎样算。

$22 + 13 = 35$（人）
$35 - 6 = 29$（人）

$22 - 6 = 16$（人）
$16 + 13 = 29$（人）

$22 + 13 - 6 = 29$（人）

2

面包房

我一共做了54个面包。

我们买了22个面包。

我们买了8个面包。

还剩多少个？

54 − 8 = 46（个）
46 − 22 = 24（个）

还可以先算一共买走多少个。
8 + 22 = 30（个）
54 − 30 = 24（个）

如果写成一个算式，应该使用小括号。计算时先算小括号里面的。
54 − (8 + 22) = 24（个）

1. 男生有 22 人，女生有 21 人。

有 16 人参加接力赛。

有多少人没参加接力赛？

2.

3 个组一共收集了 94 个。

二组收集了 29 个。

三组收集了（　）个。

一组收集了 34 个。

3. 羊圈(juàn)里原来有 58 只羊。

现在羊圈里面有几只？

4.

2002 年世界杯预选赛亚洲区十强赛
B 组得分统计表

球队	主场得分	客场得分	总分
中 国	比客场多 5 分	7	
阿联酋	4	比主场多 3 分	
乌兹别克斯坦	9	比主场少 8 分	
卡塔尔	比客场少 3 分	6	
阿 曼	比客场多 2 分	2	

5.*

我今年 8 岁。

爸爸今年 35 岁。
爸爸 50 岁时你
多大？

3 跷跷板乐园一共有多少人?

分小组讨论,可以怎样算。

4 × 3 = 12 (人)
12 + 7 = 19 (人)

4 × 3 + 7 = 19 (人)

还可以怎样算?

你能提出哪些数学问题？你会解答吗？

1.

爸爸、妈妈和我都掰(bāi)了9个玉米。

我们家一共掰了多少个玉米?

我掰了6个。

2.

我们准备送给邻居兔奶奶15个萝卜。

我们种了5行萝卜,每行9个。

还剩多少个萝卜?

3.

票价
儿童票每张：5元
成人票每张：8元

小明和爸爸、妈妈一起去动物园玩。用20元钱买票够吗?

4.

2002 年世界杯预选赛亚洲区十强赛
B 组得分统计表

球队	主场得分	客场得分	总分
中 国	是阿曼队主场得分的 3 倍	7	
阿联酋	4	7	
乌兹别克斯坦	是卡塔尔队主场得分的 3 倍	1	
卡塔尔	3	是本队主场得分的 2 倍	
阿 曼	4	是乌兹别克斯坦队客场得分的 2 倍	

5.*

一共有多少个方木块?

11

表内除法（一）

1. 除法的初步认识

二（1）班明天要去春游！

平 均 分

应该每份同样多。

每份分得同样多，叫平均分。

做一做

把10个面包平均分成5份，每份有（　　）个面包。

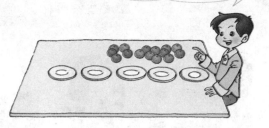

要把15个 ● 平均分成5份。

可以一个一个的分。

也可以先每份放2个，这样分会快些。

还可以怎样平均分？

做一做

把12瓶矿泉水平均分成3份。说一说你是怎样分的。

3

做一做

1. 每个花瓶里可以插几枝花？

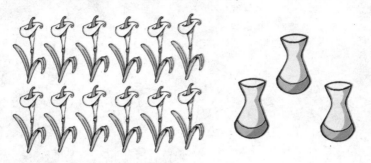

2. 把8块糖平均分给4个小朋友。

哪种分法对？在对的 ○ 里画"√"。

3. 分一分，说一说。

一共有（ ）个梨。

平均放进3个盘里，每盘放（ ）个。

4. 圈一圈，说一说。

可以分给（　　）只兔。

5.

有18个香蕉。

(1)平均分给6只小猴，每只小猴分(　　)个。

(2)如果平均分给9只小猴，每只小猴分(　　)个。

6. 用15个方木块。

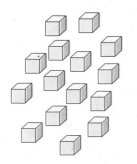

(1) 摆5个一样的长方体，每个长方体用（　　）个木块。

(2) 每个长方体用3个木块，可以摆(　　)个长方体。

除 法

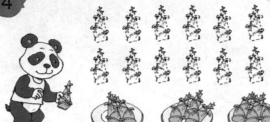

每盘放几个？

把12个竹笋平均放在4个盘里，每盘放3个。

$$12 \div 4 = 3$$

可以用除法计算。

除号

读作：12除以4等于3。

做一做

平均分给3人，每人分（ ）块。

$$18 \div 3 = \square$$

平均分给2人，每人分（ ）块。

$$18 \div \square = \square$$

平均分给6人，每人分（ ）块。

$$18 \div \square = \square$$

能放几盘?

20个竹笋，每4个放一盘，能放5盘。

$$20 \div 4 = 5$$

被除数　　除数　　商

1. 先用12个 ◯ 摆一摆，再写出算式。

每堆6个，分成了（　）堆。

$$12 \div \Box = \Box$$

每堆3个，分成了（　）堆。

$$\Box \div \Box = \Box$$

每堆2个，分成了（　）堆。

$$\Box \div \Box = \Box$$

2. 说出每个算式中的被除数、除数和商。

$$10 \div 5 = 2 \qquad 15 \div 3 = 5 \qquad 18 \div 2 = 9$$

練 习 四

1. 读一读。

$8 \div 4 = 2$ $15 \div 5 = 3$ $10 \div 2 = 5$

$12 \div 3 = 4$ $6 \div 3 = 2$ $9 \div 3 = 3$

2.

每只小熊分得同样多，每只分( )个。

□ ÷ □ = □

3. 看图写出除法算式。

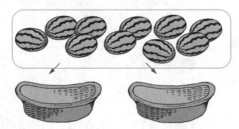

_____

4.

每个小朋友2串糖葫芦，

可以分给( )个小朋友。

□ ÷ □ = □

5.

每2只一副。

$8 ÷ \boxed{} = \boxed{}$

6. 圈一圈，填一填。

$\boxed{} ÷ \boxed{} = \boxed{}$

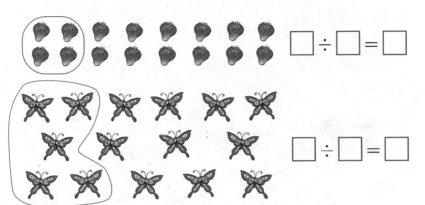

$\boxed{} ÷ \boxed{} = \boxed{}$

7. 请写出除法算式。

6除以3等于2。

把20平均分成5份，每份是4。

被除数是15，除数是3，商是5。

9个苹果，每3个一份，分成了3份。

8. 看图写算式。

请你写出乘法算式和除法算式。

9.

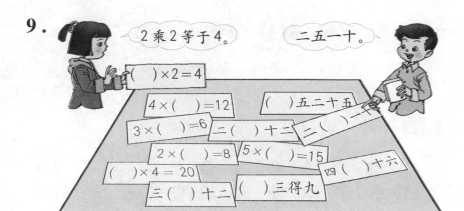

2乘2等于4。

二五一十。

( )×2=4

4×( )=12

3×( )=6

2×( )=8

5×( )=15

( )×4=20

三( )十二

( )三得九

( )五二十五

二( )十二

二( )一十

四( )十六

10.

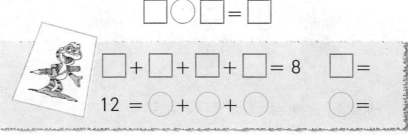

每条船上有3人，4条船上共有（　　）人。

□○□=□

12人坐4条船，平均每条船上有（　　）人。

□○□=□

12人，每3人坐一条船，需要（　　）条船。

□○□=□

□+□+□+□=8　　□=

12=○+○+○　　○=

2. 用2~6的乘法口诀求商

(1) 12个桃,每只小猴分3个,可以分给几只小猴?

$$12 \div 3 = \boxed{4}$$

第一只分3个, $12 - 3 = 9$;
第二只分3个, $9 - 3 = 6$;
第三只分3个, $6 - 3 = 3$;
第四只分3个, 正好分完。

1只猴分3个, 2只猴分6个……可以用乘法口诀算。

想:3和几相乘得12?
三 (四)十二, 商是4。

你喜欢哪种方法?

(2) 12个桃平均分给4只小猴,每只小猴分几个?

$$12 \div 4 = \boxed{3}$$

你是怎样算的?

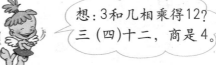

(三)四十二,
商是3。

2

每行栽4棵。   可以栽6行。

$$4 \times 6 = 24$$

$24 \div 4 = \boxed{}$ $24 \div 6 = \boxed{}$

四（六）二十四，可以栽6行。

（四）六二十四，每行栽4棵。

你是怎样算的?

做一做

1. $10 \div 2 = \boxed{}$ $12 \div 6 = \boxed{}$ $8 \div 2 = \boxed{}$

$10 \div 5 = \boxed{}$ $12 \div 2 = \boxed{}$ $8 \div 4 = \boxed{}$

2. $5 \times 4 = 20$ $6 \times 3 = 18$ $5 \times 6 = 30$

$20 \div 4 = \boxed{}$ $18 \div 3 = \boxed{}$ $30 \div 6 = \boxed{}$

$20 \div 5 = \boxed{}$ $18 \div 6 = \boxed{}$ $30 \div 5 = \boxed{}$

1.

6 ÷ 3 = □   怎样想?

2.

有（   ）只鸽子，（   ）个鸽房。

□ ÷ □ = □

可以用哪句口诀想出商?

3. 送信。

1   2   3   4   5   6

2 ÷ 2		3 ÷ 3	4 ÷ 2	12 ÷ 6	6 ÷ 6	

4 ÷ 1   5 ÷ 1

8 ÷ 4   4 ÷ 4   3 ÷ 1   6 ÷ 3   5 ÷ 5

10 ÷ 2   6 ÷ 2

10 ÷ 5

9 ÷ 3   6 ÷ 1   8 ÷ 2   12 ÷ 4

12 ÷ 3

4.

$$\boxed{} \times \boxed{} = \boxed{}$$

$$\boxed{} \div \boxed{} = \boxed{} \qquad \boxed{} \div \boxed{} = \boxed{}$$

5.

$25 \div 5$　$18 \div 6$　$9 \div 3$　$30 \div 5$　$20 \div 5$　$18 \div 3$
$24 \div 4$　$20 \div 4$

算对了，就把玩具摘下来。

6.

$\div 4$	
4	□
16	□
20	□
8	□

$\div 6$	
36	□
30	□
24	□
12	□

7.

哪几句口诀只能说一个乘法算式和一个除法算式?

8. 写出乘法算式和除法算式。

9.

被除数	6	18	20	12	24	16	30
除数	2	6	4	3	6	4	5
商							

10. 找朋友。

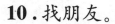

把用同一句口诀计算的算式作上相同的记号。

24 ÷ 4   3 × 4   30 ÷ 6

8 ÷ 2   12 ÷ 6

12 ÷ 2   30 ÷ 5   18 ÷ 3   15 ÷ 5

5 × 5   25 ÷ 5

15 ÷ 3   6 × 3   24 ÷ 6   8 ÷ 4   12 ÷ 4

11. 看谁先到家。

12 ÷ 2   18 ÷ 3   6 ÷ 2
16 ÷ 4   8 ÷ 4   20 ÷ 5
15 ÷ 3   24 ÷ 6   18 ÷ 6
4 ÷ 2   10 ÷ 5   4 ÷ 4

12.

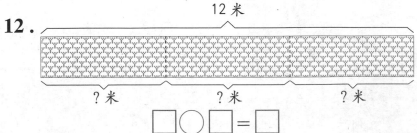

12 米

? 米   ? 米   ? 米

□ ○ □ = □

3 15人做游戏。

 平均每组几人？ 可以分成几组？

$$15 \div 3 = 5(人) \qquad 15 \div 5 = 3(组)$$

想：如果又来了3人，每组平均应有几人？

做一做

每次运3个，几次可以运完？

你还能提出用除法计算的问题吗？你会解答吗？

练 习 六

1.

我们做了30个风车。

平均每人做几个?

2. 需要几个筐?

每筐装6棵。

18棵

这里有15张画片。

3.

先提出用除法计算的问题，再解答。

4

儿童商店

0.30元　5.00元　10.00元　9.00元　0.50元

3.00元　8.00元　7.00元　6.00元

12元可以买3辆小汽车。

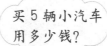
我想买5辆小汽车。

你应付多少钱?

买一辆小汽车用多少钱?

$12 \div 3 = 4$（元）

买5辆小汽车用多少钱?

$4 \times 5 = 20$（元）

做一做

每6盆花可以摆一个图案。

用这些花可以摆多少个图案?
你还想提出什么问题?

1.

每箱有 8 瓶。

把这 2 箱水平均
分给 4 个同学。

每个同学分几瓶?

2. 2 张纸可以做 8 朵花。

有 5 张纸。

可以做( )
朵花。

3.

(1) 平均分给 4 人, 每人几个气球?

(2) 平均分给 6 人, 每人几个气球?

4.

每只吃 2 个萝卜, 一共需要多少个萝卜?

5.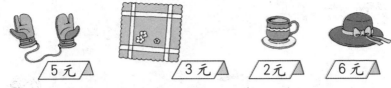

5元　　　3元　　2元　　6元

(1) 妈妈用10元钱可以买几个茶杯?

(2) 妈妈用10元钱可以买几副手套?

请你提出用除法计算的问题，并解答。

6. 登山。

7. 跳伞。

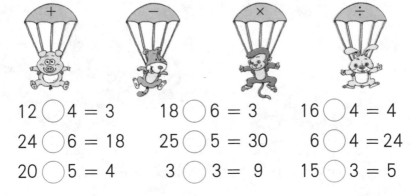

12 ◯ 4 = 3	18 ◯ 6 = 3	16 ◯ 4 = 4
24 ◯ 6 = 18	25 ◯ 5 = 30	6 ◯ 4 = 24
20 ◯ 5 = 4	3 ◯ 3 = 9	15 ◯ 3 = 5

8.

3×6	$20 \div 4$	6×6	$20 \div 5$	$18 \div 6$
3×4	$18 \div 3$	4×5	$36 \div 6$	5×4
6×2	$12 \div 3$	6×3	$12 \div 4$	5×7

9.

6人一个小组。

我们班有30人。

可以分成几个小组?

10.

小猴的只数是兔子的3倍。

每2只小猴一组,可以分成几组?

整理和复习

1.

$\square \times \square = \square$

$\square \div \square = \square$ $\square \div \square = \square$

指出除法算式中的被除数、除数和商。

2.

6 ÷ 3   20 ÷ 5   12 ÷ 4   8 ÷ 2   15 ÷ 3

24 ÷ 6   30 ÷ 6   12 ÷ 2   36 ÷ 6

（ ）三得六。   （二）三得六。

3.

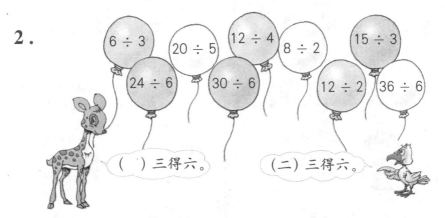

先提出问题，再解答。

35

练 习 八

1. 看谁算得都对。

6×2	$18 \div 6$	$30 \div 5$	4×5
$12 \div 3$	$17 - 9$	$3 \div 3$	$24 \div 4$
$36 \div 6$	$16 \div 4$	$25 + 5$	$20 \div 5$
$71 - 50$	$30 + 6$	$8 \div 2$	$18 \div 3$

2. (1) 20个▲，每4个一份，可以分成几份？

(2) 被除数是30，除数是5，商是几？

3. 有24本新练习本。

 平均分
给6人。

每人几本？

每人4本。

可以分给几人？

4.

你能提出什么问题？你会解答吗？

5. 联系身边的事，提出用除法计算的问题。

图形与变换

锐角和钝角

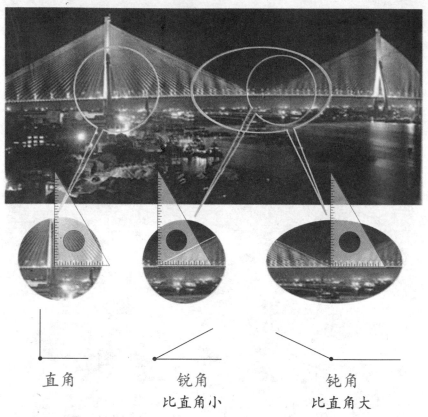

直角

锐角
比直角小

钝角
比直角大

做一做

我折了一个直角。

我做了一个锐角。

这是一个钝角。

练 习 九

1. 说一说有哪些角。

2.

钝角　　　锐角　　　直角

3.

我画了个锐角。

钝角。

4. 用三角板拼一拼。

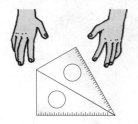

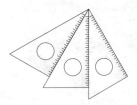

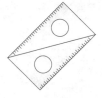

生 活 中 的 数 学

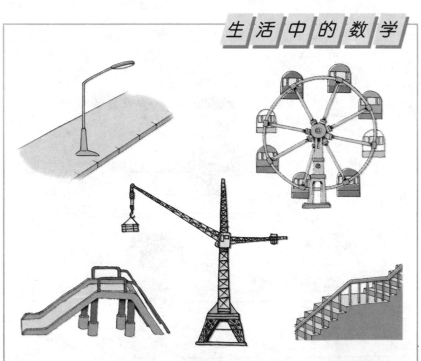

平移和旋转

1

这些都是平移。你还见过哪些平移现象？

移移看。

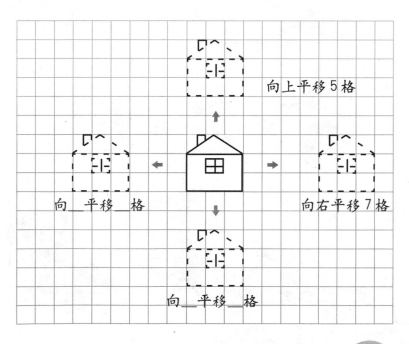

向上平移5格

向__平移__格

向右平移7格

向__平移__格

用第 129 页的学具画一排小鸭子。

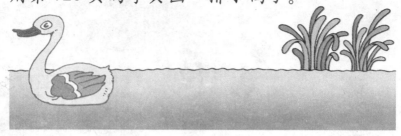

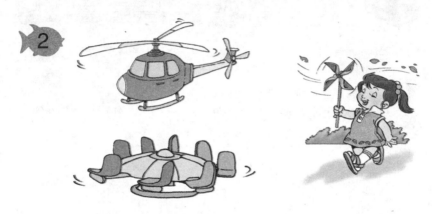

这些都是旋转。你还见过哪些旋转现象？

拉一拉  ，看变成什么颜色了？

1.把 ⛵ 向右平移 4 格后得到的图形涂上颜色。

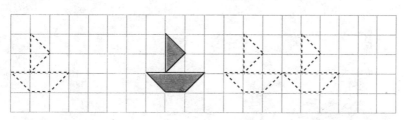

2.分别画出将 ▱ 向上平移 3 格、向左平移 8 格
后得到的图形。

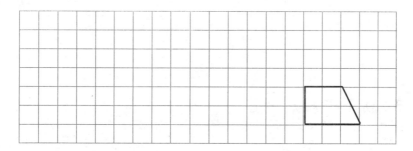

3.下列现象哪些是平移？哪些是旋转？

4. 下面哪些鱼可以通过平移与红色小鱼重合？把它们涂上颜色。

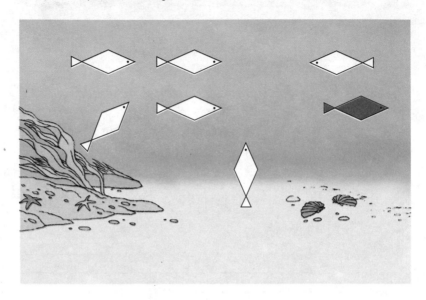

5. 画出平移后的图形。

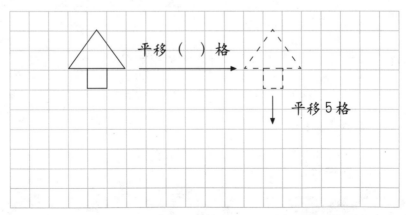

平移（　）格

平移5格

6. 用第131页的学具拼一拼。

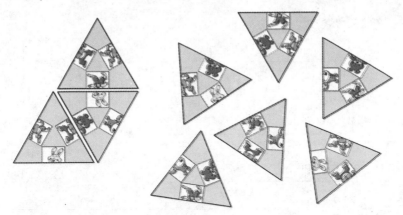

7. 用第133页的学具拉一拉。

8. 用135页的学具转一转。

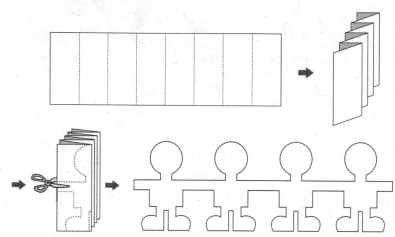

我只画半个人，就能剪出一串完整的来。

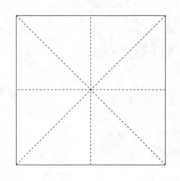
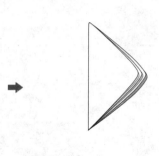

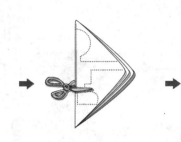
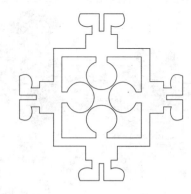

这些小纸人手拉手围成一圈。

我能剪出8个小纸人。

你还能剪出别的图案吗？

4 表内除法（二）

欢乐的节日

我们做了 56 面 🚩，要挂成 8 行。

我们做了 49 颗 ⭐，分给 7 个小组。

我们带来 27 个 💛，每 9 个摆一行。

用7、8、9的乘法口诀求商

$56 \div 8 = \boxed{7}$ $56 \div 7 = \square$

口诀：（七）八五十六   口诀：＿＿＿＿＿

自己试试看！

做一做

$7 \times 4 =$ $8 \times 2 =$ $9 \times 6 =$

$28 \div 4 =$ $16 \div 2 =$ $54 \div 6 =$

$28 \div 7 =$ $16 \div 8 =$ $54 \div 9 =$

1.

2.

3. 小鸟回家。

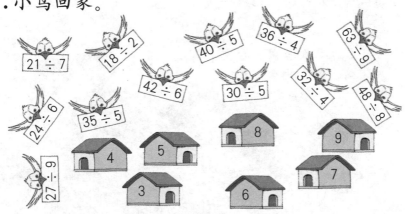

4. 吹泡泡。

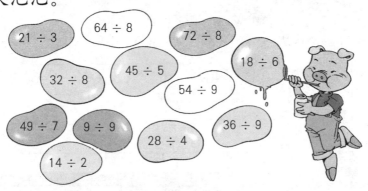

5. $4 \times \boxed{} = 36$ $6 \times \boxed{} = 42$ $63 \div \boxed{} = 7$

$32 \div \boxed{} = 8$ $48 \div \boxed{} = 6$ $9 \times \boxed{} = 54$

6. 将下列算式填在合适的( )里。

$35 \div 7$ $42 \div 6$ 7×7 $72 \div 8$ $36 \div 6$

( ) > ( ) > ( ) > ( ) > ( )

7. 二年级电脑小组共有 24 人。

如果 3 人合用一台电脑，需要几台？

如果现在有 6 台电脑，你打算怎么安排？

你还能提出什么问题？

8.

被除数	28	40	36	63	45	56	48
除　数	4	8	4	7	9	8	8
商							

9.

1 张电影票 8 元钱。

我们有 40 元，能买几张票？

《宇宙探秘》

下午：2:00～

4:00～

6:00～

10.

24
48
16
64

÷

= 8

36
81
54
72

÷

= 9

11. 拔河比赛。

胜队的奖品是48本书。

负队也有奖, 是24本书。

（1）获胜队员平均每人可得几本书?

（2）你还能提出什么问题?

12.

看谁算得都对!

48 ÷ 6	45 ÷ 5	56 ÷ 8	49 − 30
63 ÷ 9	35 − 7	6 × 7	32 ÷ 4
18 + 9	27 ÷ 3	54 ÷ 9	72 ÷ 8

加、减、乘、除我都会!

解决问题

我用10根小棒摆了2架飞机,用了2个5根,是小红的2倍。

小红

小丽

小强

摆一架飞机用了5根小棒。

我摆了3架飞机,我用的小棒根数是小红的几倍?

小强用的小棒根数是小红的3倍,我是看出来的。

可以用除法算,
15 ÷ 5 = 3。

做一做

第一行摆: ▲▲▲▲▲ ▲▲▲▲▲ ▲▲▲▲▲ ▲▲▲▲▲

第二行摆: ▲▲▲▲▲

▲是▲的( )倍。

3

唱歌的有 35 人。

唱歌的人数是跳舞的几倍？

怎么想呢？

$$35 \div 7 = 5$$

做一做

踢球的有 18 人。

(1) 踢球的人数是跑步的几倍？

　　□ ○ □ = □

(2) 你还能提出什么问题？

练 习 十 二

1.

18 只

24 只

(1) 小鹿的只数是小猴的几倍?

□ ○ □ = □

(2) 你还能提出什么问题? 你会解决吗?

2. 台灯的价钱是台历
的多少倍?

49 元　　　　7 元

3. 我跳了 64 下。　我跳了 56 下。　我跳了 8 下。　我跳了 40 下。

(1) 2 号运动员跳的是 3 号的几倍?

(2) 你还能提出什么问题?

56

4.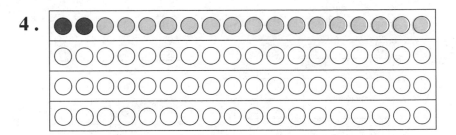

(1) 第一行〇的数目是●的几倍？

(2) 请你给每一行的〇涂上两种不同的颜色。根据你涂的，你能提出哪些问题？

5.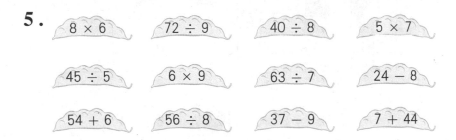

8 × 6	72 ÷ 9	40 ÷ 8	5 × 7
45 ÷ 5	6 × 9	63 ÷ 7	24 − 8
54 + 6	56 ÷ 8	37 − 9	7 + 44

6. 同学们在校门摆4行月季花，每行9盆。

我们要摆6盆蝴蝶花。

一共摆了多少盆月季花？

月季花的盆数是蝴蝶花的几倍？

7. 这是二 (1) 班同学参加三项体育活动的情况。

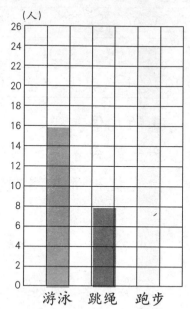

游泳	＿＿人
跳绳	＿＿人
跑步	＿＿人
总计	＿＿人

(1) 游泳的人数是跳绳的几倍?

(2) 跑步的人数是跳绳的几倍?

(3) 你还能提出什么问题?

8.

我今年36岁。

我今年6岁。

小红　　　　　　妈妈

(1) 妈妈的岁数是小红的几倍?

(2) 去年妈妈的岁数是小红的几倍?

我们这么多人，要坐几辆呢？

碰碰车

每辆坐 3 人

应该怎样想？

要先知道有多少小朋友。再……

$6 \times 4 = 24$

$24 \div 3 = \boxed{}$

也可以这样列式计算。

$6 \times 4 \div 3$

$= 24 \div 3$

$= \boxed{}$

你是怎样想的？

1.

左边有4棵树,右边也有……

每棵树上有3个△。

宣传牌上一共有多少个△?

平均每人分几瓶?

2.

18瓶

3.

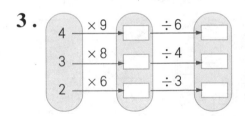

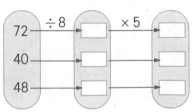

4.

填在哪儿?

$63 \div 7 \times 6 \bigcirc 64 \div 8 \times 7$

$9 \times 4 \div 6 \bigcirc 8 \div 4 \times 3$

$6 \times 8 + 15 \bigcirc 7 \times 9 - 17$

5.

④ ⑮ ⑳ ② ㉘

$8 \times 3 \div 6$ $45 \div 9 \times 3$

$64 \div 8 \div 4$ $21 \div 3 \times 4$ $35 \div 7 \times 4$

6. 我们买9元一枝的钢笔吧!

那就换6元一枝的吧!

3元/本 6元/枝
4元/本 9元/枝

那要花63元钱呀!

可以。共需要多少钱呢?

他们要买几枝钢笔?

7.

○ ○ ○ ○
□□□ □□□ □□□ □□□
□ □ □ □ □ □ □ □

○ ○ ○ ○
□□□ □□□ □□□ □□□
□ □ □ □ □ □ □ □

用上面的材料够摆多少个 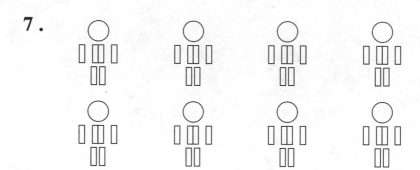 ？

8.

一个蛋糕分8块。

平均每人分
到几块呢？

一根绳子长16米，对折以后，再
对折，每折长几米？你能想出不
同的计算方法吗？

整理和复习

1.

咱们把除法算式有规律地排一下吧！

好！可以按得数相同排！

还可以怎样排？

12÷3 18÷6 21÷7 9÷3 7÷8
45÷5 48÷6 14÷7
35÷7 64÷8 54÷9 36÷6 32÷8

2.

每6人组成一个小组，玩跳绳。

每9人组成一个小组，玩丢手绢。

可以分成6个小组。

可以分成几个小组呢？

练习 十 四

1. 算出结果，然后按从小到大的顺序排列起来。

| $54 \div 9$ | $18 \div 6$ | $40 \div 8$ | $45 \div 5$ | $63 \div 9$ | $56 \div 7$ | $56 \div 8 \times 3$ |

2.

$72 \div 9$	$28 \div 4$	5×9	$42 \div 7$
$64 - 8$	$30 \div 6$	$27 \div 3$	$54 + 6$
$45 \div 9$	3×7	$32 \div 8$	$56 \div 7$

3. 动物园里有8只黑鸽子，24只白鸽子。

每个窝里住4只。

(1) 白鸽子的只数是黑鸽子的几倍？

(2) 一共需要多少个窝？

(3) 你还能提出不同的问题吗？

4.

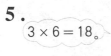

27 ──÷ 3──→ ☐

56 ──÷ 8──→ ☐

49 ──÷ 7──→ ☐

4 ──× 6──→ ☐ ──÷ 8──→ ☐

28 ──÷ 4──→ ☐ ──× 3──→ ☐

72 ──÷ 8──→ ☐ ──÷ 3──→ ☐

5.

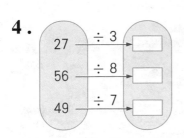

$3 × 6 = 18$。

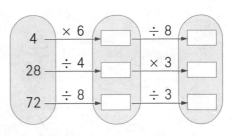

$18 ÷ 6 = 3$，
18是6的3倍。

6. 看谁算得都对。

$4 × 8 + 23$

$54 ÷ 9 × 8$

$20 ÷ 4 × 7$

$81 ÷ 9 + 36$

$72 ÷ 9 ÷ 2$

$3 × 6 ÷ 2$

7.

每天吃三次，每次两片。

30 片

一瓶药够吃几天?

8.

你能提出什么问题？

9. 猜一猜。

10. 在□里填上合适的数。

□ ÷ □ × □ = 24   □ × □ + □ = 21

1000 以内数的认识

1

一个一个地数，10 个一是（ 10 ）。

一十一十地数，10 个十是（ 100 ）。

 怎么数更大的数？

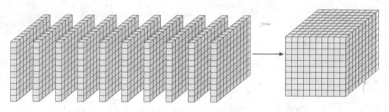

一百一百地数，10 个一百是一千。

关于数数，你们有什么新发现？

做一做

1. 从一百九十八起，数到二百零六。

2. 从九百八十五数到一千。

 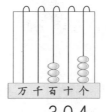 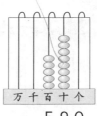

写作： 126　　　　　304　　　　　580

读作：一百二十六　　三百零四　　　五百八十

上面每个数各是由几个百、几个十和几个一组成的？

1. 读出下面各数，再说一说它们的组成。

广场上有 330 只鸽子。

天空中有 580 个气球。

2. 写出下面各数。

有八百六十八人跑马拉松。

这片树林有九百五十棵树。

3 比一比。

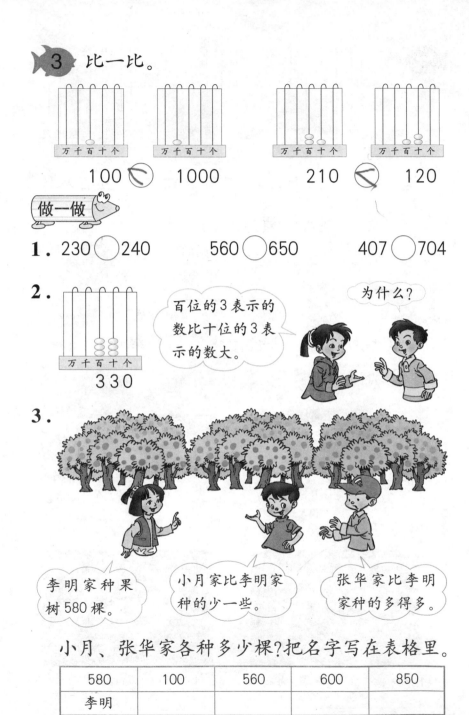

万千百十个   万千百十个   万千百十个   万千百十个

100 ◯ 1000   210 ◯ 120

做一做

1. 230 ◯ 240   560 ◯ 650   407 ◯ 704

2.

万千百十个

330

百位的3表示的数比十位的3表示的数大。

为什么?

3.

李明家种果树580棵。

小月家比李明家种的少一些。

张华家比李明家种的多得多。

小月、张华家各种多少棵?把名字写在表格里。

580	100	560	600	850
李明				

练习 十 五

1. 读一读。

一共回收 326 节。

飞机每秒大约
飞行 250 米。

2.

(   ) 元

3. 画珠子。

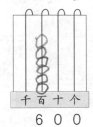

千 百 十 个

6 0 0

千 百 十 个

5 3 0

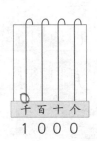

千 百 十 个

1 0 0 0

4. 填空。

   (1) 一千里面有（　　）个百。

   (2) 940是由（　　）个百和（　　）个十
      组成的。

   (3) 4个百和9个十组成的数是（　　）。

5. 看图填空。

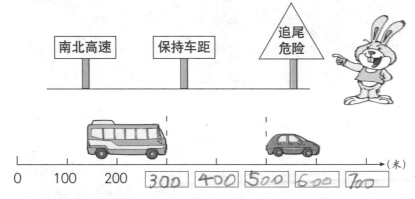

| | | | | 300 | 400 | 500 | 600 | 700 |

6. 估一估，大约有多少本书？

10000 以内数的认识

南京长江大桥公路桥长 4589 米，铁路桥长 6772 米。

这样的数怎样读？

4

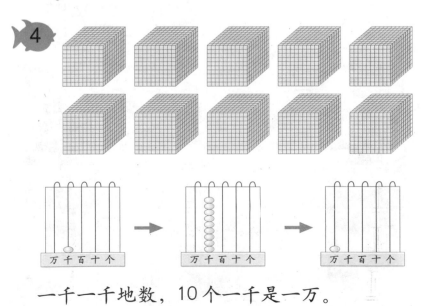

一千一千地数，10 个一千是一万。

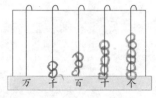

试着画一画，再读一读。

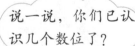

写作：　　　2　3　5　6

读作：　　二千三百五十六

这个数由(2)个千,(3)个百,(5)个十和(6)个一组成。

五个，我还能从右边起说出它们的顺序呢!

说一说，你们已认识几个数位了?

我能制作一个数位表呢!

我做了一个!

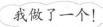

✳ 数位顺序表 ✳				
…	万位	千位	百位	十位	个位

1. 写出下面各数并读一读,再说说它们的组成。

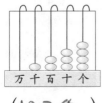 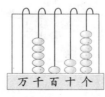 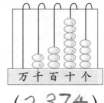

(1234)　　　(5126)　　　(2374)

2. 用计数器数数。

　　(1) 从九百九十四起,一个一个数,数到一千。

　　(2) 从九千九百九十五起,一个一个数,数到一万。

 6 看图写数、读数。

写作: 4 3 0 5　　　　写作: 3 0 0 3

读作: 四千三百零五　　　读作: 三千零三

 你会读万以内的数吗?

从高位读起,千位上是几,就读几千……

 有0怎样读?

中间有一个0或两个0,只读一个0,末尾的0不读。

做一做

1. 看图写数，再读出来。

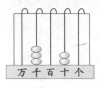 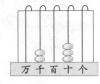

(3020)   (2030)   (10000)

2. 写出下面各数。

用肉眼能看到的星星大约有六、七千颗。

图书馆有一千二百五十种杂志。

空调 1430 元   电视机 980 元

1430 > 980

说一说你是怎么比的？

四位数肯定比三位数大！

小组讨论：怎样比较 3864 和 3529 的大小？

育英小学有1506人，
约是1500人。

新长镇有9992人，
约是10000人。

1500是1506的近似数，10000是9992的近似数。

准确数和近似数哪个更容易记住？
你还能举出近似数的例子吗？

陈东家到学校有603米，
约是_____米。

每台洗衣机售价为1198元，
约是_____元。

练习 十 六

1. 读出下面各数。

柳河公园共有
柳树 560 棵。

今年是 2003 年，
共有 365 天。

2. 写出下面各数。

文化馆展览图片
一千零五十八张。

养鸡场一天收蛋约
二千五百四十个。

3. 写出下面各数。

2 个百、5 个十和 6 个一 <u>256</u>

4 个百和 8 个一 <u>408</u>

9 个百和 2 个十 <u>902</u>

4. (1) 写出三位数中最大的数和最小的数。

(2) 写出四位数中最大的数和最小的数。

5. 今天各路公共汽车运客人数如下。

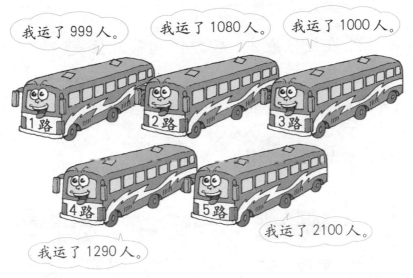

我运了 999 人。

我运了 1080 人。

我运了 1000 人。

我运了 1290 人。

我运了 2100 人。

999 > 1080 > 1000 > 1290 > 2100

6.

这个果园有 597 棵苹果树，约是＿＿棵。

这个收费站昨天通过 7006 辆汽车，约是＿＿辆。

7. 把调查结果填在表里。

本校学生	明年是	从学校到家	
_____人	_____年	_____米	_____元

8. (1) 在数位表中,从右边起第三位是( )位,
第四位是( )位。

(2) 一个四位数,它的最高位是( )位。

9. 猜一猜,填一填。

 一列火车坐的人比一架飞机多得多。

一架飞机坐的人比一艘轮船少一些。

1500人	350人	300人

10.* 由2、9、0、5组成的最大四位数是( ),
最小四位数是( )。

整百、整千数加减法

帮爷爷算一算，共花了多少钱。

1000 元   2000 元

$$1000 + 2000 = \underline{\quad\quad} \text{（元）}$$

1 个千加 2 个千是 3 个千，就是 3000。

$$1 + 2 = 3$$
$$1000 + 2000 = 3000$$

还有别的算法吗？

冰箱比电视贵多少元？

$$2000 - 1000 = \underline{\quad\quad} \text{（元）} \quad 怎样想？$$

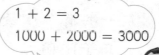

$$80 + 50 = 130$$
$$130 - 50 = \underline{\quad\quad}$$

8 个十加 5 个十是 13 个十，就是 130。

怎样想？

$$900 + 600 = \underline{\quad\quad}$$
$$1500 - 600 = \underline{\quad\quad}$$

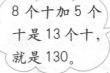

做一做

1. 800 ＋ 400   3000 ＋ 6000   70 ＋ 50
      1200 － 500   9000 － 5000   1500 ＋ 1000

2.

麦子 700 袋   麦子 800 袋   稻谷 1000 袋

(1) 一共有多少袋麦子?

(2) 麦子比稻谷多多少袋?

(3) 你还能提出什么问题?

数 学 游 戏

对。   比 5000 小吗?   不对。   比 2500 小吗?

对。   比 3500 小吗?   是……

练习 十七

1. 捉鼠竞赛。

剩下的谁捉?

我抓 900 的。

我抓 1000 的。

我抓 1500 的。

800 + 700   1200 − 300   9000 − 5000

1700 − 700   5000 − 4000   1800 − 900

400 + 500   700 + 800   90 + 70

400 + 600   1900 − 1000   2500 − 1000

160 − 80   500 + 1000

2. 桂林山水美，喜迎天下人。

迎宾山庄

2000 人

600 人

民俗度假村

假日宾馆

900 人

你能提出哪些数学问题? 你会解决它们吗?

3.

每分钟行800米   每分钟行1500米

你能提出什么问题?

4. 小猴送信。

5000 － 4000

2500 － 1000

1600 － 700

8800 － 8000

800 ＋ 200

700 ＋ 800

1900 － 900

3000 ＋ 5000

3000 ＋ 7000

得数是 1000

得数小于 1000

得数是 1500

得数大于 1500

5. 你有几种填法?

8 ☐ 27 ＞ 8263

1 克有多重?
1 千克有多重?

分别用手掂一掂,感觉怎么样?

1 个 2 分硬币约重 1 克。

1 袋盐重 1 千克。

1 袋砂糖重 500 克,2 袋砂糖正好是 1 千克。

$$1 \text{ 千克} = 1000 \text{ 克}$$

要知道物品的轻重,可以用秤称。

你见过哪几种秤?

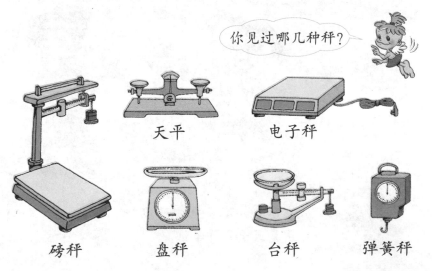

天平　电子秤

磅秤　盘秤　台秤　弹簧秤

李奶奶从市场里买了苹果、鸡蛋和鱼。

你能提出什么问题？

重 1 千克

重 2 千克

重 500 克

1．说一说哪些物品大约重 1 千克。

2．分小组估一估大家带来的物品有多重，再选
合适的秤称一称。

这是 1 千克。

有多少个？

有 5 个。

物品名称	估计的轻重	称出的轻重

1. 说出下面的物品各重多少克。

2. 写出体重。

<u>30</u> 千克   <u>35</u> 千克   <u>65</u> 千克

3. 调查下面物品的轻重，把数据填在表里。

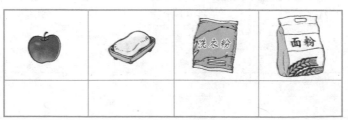

4.在( )里填上合适的单位。

150 ( )　　　4 ( )　　　450 ( )　　　100 ( )

5.在○里填上 ">" "<" 或 "="。

2千克 ＞ 2000克　　　　5千克 ＞ 4900克

800克 ＜ 1千克　　　　2500克 ＜ 3千克

6.谁轻? 谁重?

 30千克,对吗?

 猜一猜,我有多重?

我长胖了。

7.

我买2千克苹果,2千克桃。

名称	价格
苹果	2元500克
桃	1元500克
香蕉	5元500克
荔枝	8元500克
西瓜	3元500克
菠萝	3元500克

500克荔枝给奶奶吃,2500克西瓜我和爸爸、妈妈吃。

你能提出什么问题? 你会解答吗?

8.

 6千克   （　）千克    （　）千克

1千克棉花和1千克铁比较，哪个重一些？

23 + 31 =

32 + 39 =

23 + 30 = 53
53 + 1 = 54
二(1)班、二(2)班
能坐下。

30 + 30 = 60
2 + 9 = 11
60 + 11 = 71
二(3)班、二(4)班
合乘坐不下。

$$68 - 54 =$$ $$32 - 14 =$$

$60 - 50 = 10$
$8 - 4 = 4$
$10 + 4 = 14$
二(3)班还能上14人。

$32 - 10 = 22$
$22 - 4 = 18$
二(3)班还剩18人。

$$\begin{array}{r} 3\ 2 \\ -\ 1\ 4 \\ \hline 1\ 8 \end{array}$$

 做一做

$53 + 36$ $\qquad$ $37 + 54$ $\qquad$ $67 - 15$ $\qquad$ $34 - 26$

$32 + 46$ $\qquad$ $15 + 65$ $\qquad$ $46 - 24$ $\qquad$ $90 - 45$

练 习 十 九

1.

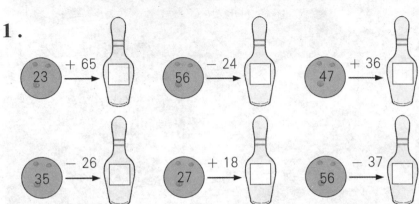

23 + 65	56 − 24	47 + 36
35 − 26	27 + 18	56 − 37

2. 54 + 28　　　76 + 23　　　48 − 29

   74 − 16　　　64 + 25　　　33 − 25

3.

72元　　　58元　　　25元　　　37元

我买 🛋 和 ⏰ 一共＿＿＿元。

我买……

4. 97 − 43　　　52 + 16　　　34 + 56

   25 + 36　　　44 − 19　　　82 − 48

5.

57 + 36 = 93

57 − 36 = 21

39	48	**57**	62	40	51	43	50
9	**36**	17	5	28	30	24	19

6.

+ 12 　　 − 28 　　 + 33 　　 − 42

35 　　 □ 　　 □ 　　 □ 　　 □

7.

36 个

25 个

一共 ___ 个。

8.

2 队领先43分。

下半场2队得了67分。

上半场	
1队	2队
28	43

下半场	
2队	1队
67	45

 这周收集了 340 个。

500 个送一次,
现在够吗?

收集矿泉水瓶情况	
第一周	180个
第二周	340个
第三周	
第四周	

 $180 + 340 =$

$$
\begin{array}{r}
1\ 8\ 0 \\
+\ 3\ 4\ 0 \\
\end{array}
$$

18 + 34 = 52
180 + 340 = 520

$$
\begin{array}{ccc}
百 & 十 & 个 \\
1 & 8 & 0 \\
+\ 3_1 & 4 & 0 \\
\hline
5 & 2 & 0 \\
\end{array}
$$

为什么百位上不是4?

96

4 第二周比第一周多多少个?

$$340 - 180 =$$

```
  3 4 0
− 1 8 0
```

$34 - 18 = 16$
$340 - 180 = 160$

百	十	个
$\overset{2}{\cancel{3}}$	$\overset{14}{4}$	0
− 1	8	0
1	6	0

为什么百位上是2减1?

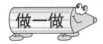 做一做

1.
```
  230        320        490        240
+540       +180       −130       −160
```

2. $410 + 250$ $570 - 380$ $340 + 370$

$280 - 160$ $630 + 290$ $450 - 260$

5

收集矿泉水瓶情况	
第一周	180 个
第二周	340 个
第三周	192 个
第四周	219 个

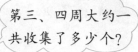 第三、四周大约一共收集了多少个?

192 接近 200,
219 接近 200,
第三、四周大约
收集了 400 个。

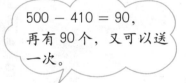 大约再收集 100 个，又可以送一次。

我是这样想的:
192 接近 190,
219 接近 220,
190 + 220 = 410,
大约收集了 410 个。

500 − 410 = 90,
再有 90 个，又可以送一次。

还可以提出什么问题?

 做一做

估算。

583 + 419   718 + 179

631 − 409   529 − 247

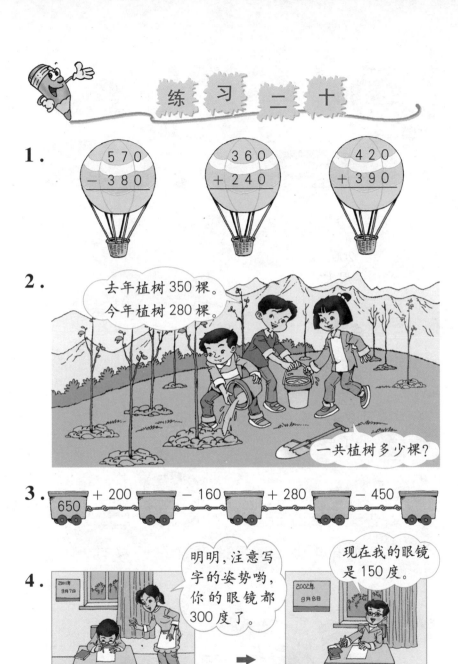

练习二十

1.

$$570 - 380$$

$$360 + 240$$

$$420 + 390$$

2.

去年植树350棵。
今年植树280棵。

一共植树多少棵?

3. 650 ── + 200 ── − 160 ── + 280 ── − 450

4.

明明,注意写字的姿势哟,你的眼镜都300度了。

现在我的眼镜是150度。

小明的眼镜度数减少了＿＿＿度。

5.

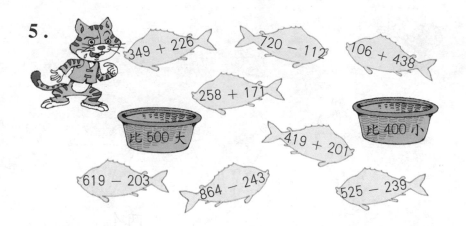

6.

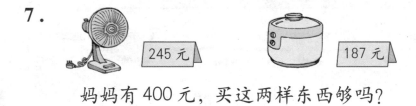

北京到大连，飞机票620元，火车票147元。

乘火车比乘飞机大约便宜____元。

7.

245 元　　　187 元

妈妈有400元，买这两样东西够吗？

8.

一共有237页，大约还有____页没看。

9.

360
710
220

$+ 280 =$

490
800
320

$- 270 =$

10.

一年级150人，二年级170人。两个年级共需要 _2_ 个一次性注射器。

11. 估算。

382 + 246   504 + 198

693 - 381   486 - 315

12.

今天大约卖出____根🍦。

大约还有____瓶🍶。

原有 🍶	528瓶
卖出 🍶	184瓶

上午卖出 🍦	219根
下午卖出 🍦	392根

整理和复习

1. 口算下面各题。

52 + 35　　　　86 − 34　　　　47 + 33

23 + 69　　　　62 − 18　　　　70 − 26

2. 计算下面各题。

650 + 340　　　　730 + 480　　　　390 + 250

840 − 560　　　　750 − 540　　　　440 − 150

65 + 34 = 99,
650 + 340 = 990。

相同数位要对齐。

3.

一年级 197 人。

一共有 400 个座位。

二年级有 201 人。

估算一下，两个年级同时
看木偶戏能不能坐下？

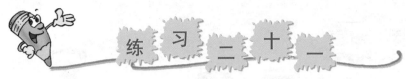

1.

| 24 + 38 | 62 | 26 | 75 − 49 |

2.

180   360   450   340

340 − 180 = 160

自己想一些数，做做看。

3.

这是亚洲最高的广播电视塔。

上海广播电视塔
（东方明珠）高 468 米

中央广播电视塔
高 405 米

东方明珠比中央广播电视塔大约高___米。

有多重

小明 25 千克。

25千克这么重呀！

你不到 25 千克。

23千克	一
24千克	下
25千克	下
26千克	

8 统　计

我们刚入学时，测量的体重情况是这样的。

体重（千克）	15及15以下	16～20	21～25	26～30	31及31以上
人　数					

二年级时我们的体重有什么变化呢?

体重(千克)	15及15以下	16~20	21~25	26~30	31及31以上
人 数					

在一个表里怎么表示呢?

人数\体重\年级 (千克)	15及15以下	16~20	21~25	26~30	31及31以上
一年级					
二年级					

(1) 一年级时,体重在(　　)千克的人最多,
　　(　　)千克的人最少。

(2) 二年级时,体重在(　　)千克的人最多,
　　(　　)千克的人最少。

(3) 你还能发现什么?

做一做

你参加哪个课外小组？

让我们一起来统计吧！

班级 \ 人数 \ 课外小组	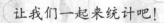			
一　班	6	8	15	11
（　）班				

(1) 我喜欢(　　)小组。

(2) 我们班参加计算机小组的有(　　)人。

(3) 一班参加(　　)小组的人最少。

(4) 你还能提出什么问题？

统计了 20 分钟啦！

种类				
辆数	50	30	25	10

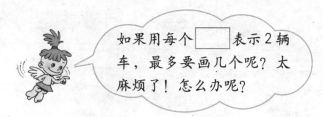

如果用每个 ☐ 表示2辆车，最多要画几个呢？太麻烦了！怎么办呢？

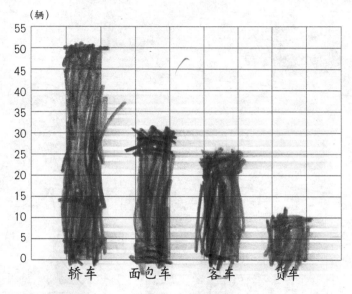

(辆)

55
50
45
40
35
30
25
20
15
10
5
0

轿车　　面包车　　客车　　货车

(1) 每个 ☐ 表示( )辆车。

(2) 面包车比货车多(4)辆。

(3) (10)车最少，(15)车最多，它们相差(8)辆。

(4) 20分钟后来的第一辆车最有可能是哪一种车？

佳美电器商店电视机销售情况统计表

星期	一	二	三	四	五	六	日
销售量（台）	15	10	20	25	30	50	45

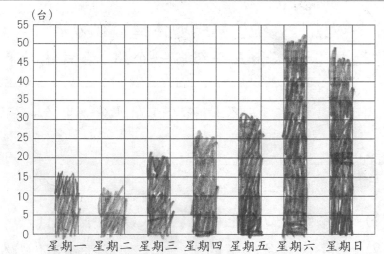

(1) 哪两天销售量最多？哪天最少？

(2) 你还能发现什么？你能提出什么建议？

1. 调查本班同学最喜欢吃的蔬菜情况,并将结果填入下表。

人数 性别	种类						其他
男生							
女生							

(1) 我最喜欢的蔬菜是(　　　)。

(2) 喜欢吃(　　　)的人数最多。

(3) 喜欢吃(　　　)的人数最少。

2. 你参加过几次学校组织的体检? 视力怎样? 请你选择二年级和五年级各一个班,填写统计表。

人数 班级　　视力	5.0以上	4.9~4.7	4.6~4.3	4.2以下
二年级(　)班				
五年级(　)班				

(1) 二年级5.0以上的有(　)人, 五年级有(　)人。

(2) 二年级4.2以下的有(　)人, 五年级有(　)人。

(3) 5.0的视力是正常的, 低于5.0的二年级有(　)人, 五年级有(　)人。你想对这些同学说什么?

3.

种类	连环画	故事书	科技书	其他书
数量（本）	45	40	10	35

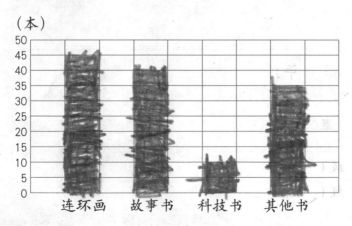

(1) (　　)书最多。

(2) 故事书和科技书相差(　　)本。

(3) 如果同学们想增添一些书，你有什么好的
想法？

4. 你喜欢看电视吗? 每天看电视有多长时间? 请你统计一下你们班同学看电视的情况。

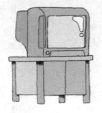

时间	30分以下	30分~1小时	1小时以上
人数			

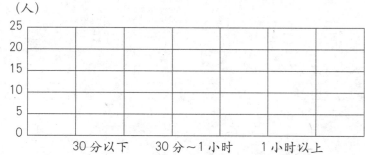

(1) 看电视的时间在(   )范围之内的人最多。

(2) 看电视的时间在(   )范围之内的人最少。

(3) 从你的统计中, 你发现了什么? 有什么建议?

你知道吗?

长时间用眼, 会造成眼睛疲劳。

当我们学习了一段时间后, 要看一看远方的景物, 让眼睛得到休息。另外, 长时间看电视或离屏幕太近, 都是有害健康的。

9 找 规 律

 小东家厨房装修得真漂亮，你能找出这些图案的规律吗？

墙面　　　　　　　地面

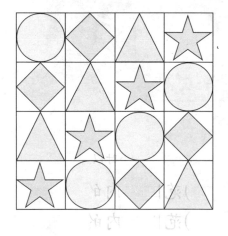　　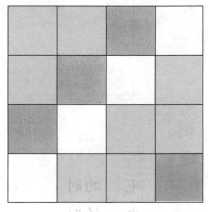

1 画一画。

◇ ◆ □ ■　◆ □ ■ ◇　□ ■ ◇ ◆ ＿ ＿ ＿ ＿

☆ ★ ○ ◉　◉ ○ ★ ○　○ ◉ ☆ ★ ＿ ＿ ＿ ＿

你能在手帕上设计出有规律的图案吗?

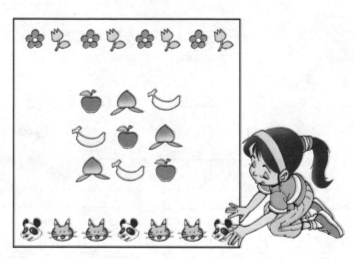

 2

1	2	4	7	11	

+1　+2　+3　+4　+(5)

做一做

2	4	8	14	22	——	44	58

+2　+4　+6　+8　+( )　+( )　+14

1. □ ■   △ □   △ △   □ ■

    △ △   △ ■   ■ □   _____   △ △

2. 接着画。

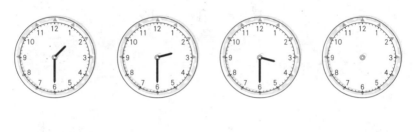

_____   _____   _____   _____

_____   _____   _____   _____

3. 接着写。

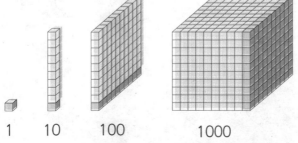

1   10   100   1000   10000

4.

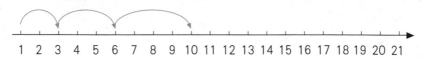

| 1 | 4 | 7 | 10 | □ | 16 | 19 | □ | 25 | 28 |

5. 按规律画一画。

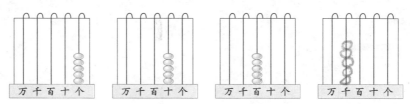

1 2 3 4 5 6 7 8 9 10 11 12 13 14 15 16 17 18 19 20 21

6. 2　　3　　5　　8　　12　　17　　＿＿＿

7. 接着画珠子。

万 千 百 十 个　　万 千 百 十 个　　万 千 百 十 个　　万 千 百 十 个

8. ＊　1　1　2　3　5　8　＿＿＿　21

96　□　24　12　6　3

1　　4　　9　　12

1 × 1　2 × 2　3 × 3　(4) × (4)

10 总复习

表内除法

1.

都坐两人车，要（　）辆。

2人 4人

我们一共有16人。

都坐四人车，要（　）辆。

2. 32 ÷ 4　　81 ÷ 9　　15 ÷ 5　　24 ÷ 6

42 ÷ 7　　40 ÷ 8　　24 ÷ 3　　14 ÷ 2

说一说上面各题你是怎样计算的。

万以内数的认识

3.

写一写，读一读。

| 万 | 千 | 百 | 十 | 个 |

4. 9612 = 9000 + 600 + 10 + 2

6080 = ___ + ___ + ___ + ___

4308 = ___ + ___ + ___ + ___

5.

据统计，世界上有14座海拔超过8000米的高峰，有10座分布在喜马拉雅山脉。其中珠穆朗玛峰是世界最高峰，海拔大约为8844米。

上面这段话中哪些数据是近似数，哪些是准确数？

万以内的加、减法

6. 口算下面各题。

9000 − 6000　　　70 + 40　　　160 − 90

1300 − 700　　　320 + 300　　　500 + 800

7. 计算下面各题。

$$
\begin{array}{r}
340 \\
+430 \\
\hline
\end{array}
\qquad
\begin{array}{r}
850 \\
-180 \\
\hline
\end{array}
\qquad
\begin{array}{r}
680 \\
+270 \\
\hline
\end{array}
\qquad
\begin{array}{r}
800 \\
-260 \\
\hline
\end{array}
$$

8.

134 元　　279 元　　125 元

我有500元钱，可以买哪种自行车和哪种电风扇？

289 元　　196 元　　315 元

克和千克

9. 圈出合适的重量。

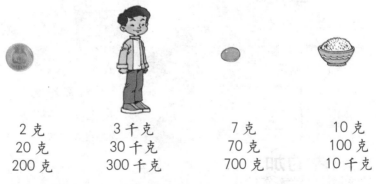

2 克	3 千克	7 克	10 克
20 克	30 千克	70 克	100 克
200 克	300 千克	700 克	10 千克

10.

哪份重一些？为什么？

图形与变换

11. 说一说生活中有什么平移、旋转现象。

12. 你身边哪里有锐角？哪儿有钝角？

13.

售票处

碰碰车
3元/人

小明共玩了几次？

我共花了 12 元。

14.

本市贴 8 角的
邮票，外地贴
1 元 2 角的邮票。

③

我有 1 封信寄本市，
3 封信寄外地。一共
要花多少钱？

统　计

15.

你们班的同学1分钟
能跳绳多少下？

性别 \ 人数 次数	59及59以下	60～69	70～79	80～89	90及90以上
男生					
女生					

从上表中，你发现了什么？

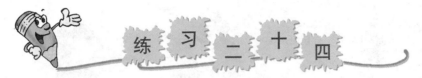

练 习 二 十 四

1.

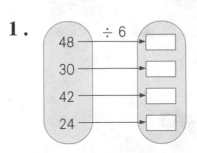

	÷ 6
48	
30	
42	
24	

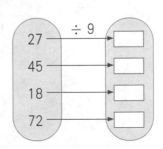

	÷ 9
27	
45	
18	
72	

2. 你能提出什么问题?

一共有 42 个。

3. 用不同的方式表示下面各数。

二千七百　　四百六十　　三千零八十九

五千　　　　六千零五　　二千八百零六

2700

4.

写出它后面的5个数，再读出来。

5.

每人跳三次，取最远的作为成绩。

	第一次	第二次	第三次
小　亮	130厘米	135厘米	132厘米
小　青	122厘米	121厘米	119厘米
小　英	122厘米	120厘米	124厘米

你能排出他们三人的名次吗？

6.

加　数	120	230	350		570	160	
加　数	360		320	140		90	380
和		500		560	750		930

被减数		530	380		680		780
减　数	230	160		40	490	80	580
差	130		180	130		820	

7. 说出每张卡片上两个数的和是多少，差是多少。

65	76	50	80·	9400	1000
24	23	35	60	500	400

8.

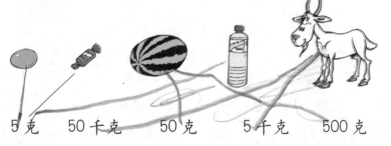

原价：358 元
现价：231 元

便宜约____元

原价：965 元
现价：748 元

便宜约____元

9.

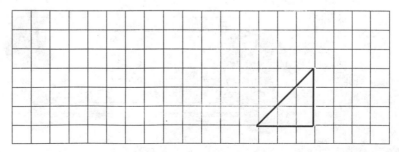

5克   50千克   50克   5千克   500克

10. 画出△向左平移8格后的图形。

11.

8个　　14根

可以给几位客人？

12.

我们班有22名男同学，20名女同学。

7名同学一组，全班可以分成几组？

13.

15元　　　　　5元　　　　　12元

哪一种袜子便宜？

14. 按规律写出几个数（或画几个图形），让你的同桌接着写（或画）下去。

你接着画。

15. 动物园的管理人员为动物们做了一次"体检",下面是几种动物体重的统计图。

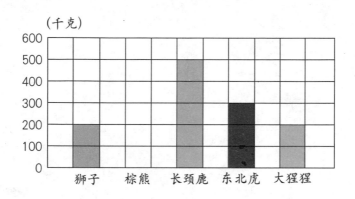

(1) 完成下面的统计表。

动物	狮子	棕熊	长颈鹿	东北虎	大猩猩
体重(千克)	200	100	500	300	200

(2) _____最重,为_____千克。

  _____最轻,为_____千克。

(3) _____和_____的体重一样。

(4) 你还能提出什么问题?

16.*

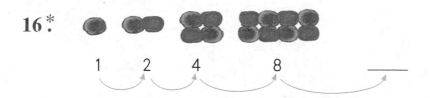

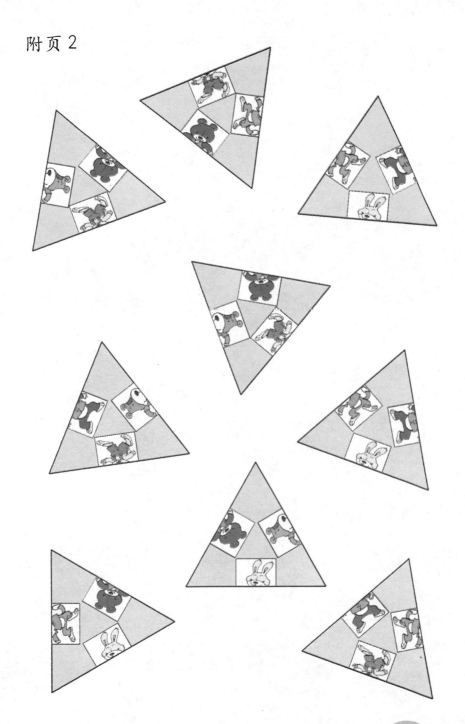

附页 3

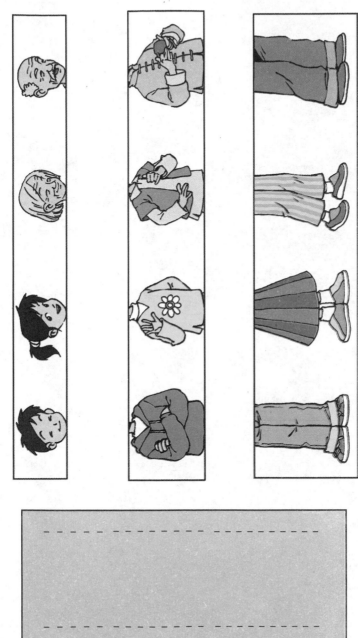

附页 4

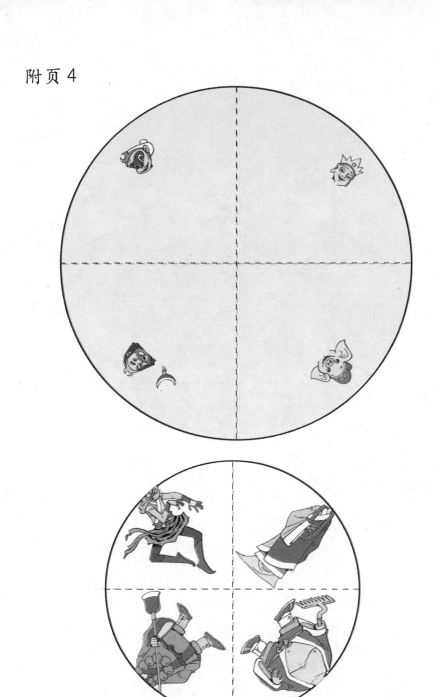